Elisabetta Giuliani

OUROBOROS

Confessioni di fiamma gemella

Copertina: **E. Giuliani, S. Nouira**

Edizioni BOD
12/14 Rond-point des Champs Elysées
75008 Paris

Nuova edizione: **ottobre 2020**

© 2019 **Poesia e Psicomagia**
www.poesiaepsicomagia.online

Guai a chi avrà amato solo corpi, forme, apparenze.
La morte gli toglierà tutto.
Cercate di amare le anime. Le ritroverete.

Victor Hugo

Ciò che cerchi ti sta cercando.

Rumi

Forse ci rincontreremo quando saremo più vecchi
e le nostri menti saranno meno frenetiche.
E io andrò bene a te e tu andrai bene a me.

Ma ora, io sono solo caos per i tuoi pensieri
e tu sei veleno per il mio cuore.

Poesia araba

Prefazione

A volte capita che uno si alza la mattina e sa che qualcosa sta per cambiare. I gesti sono gli stessi. Stessi i rituali, gli obblighi e le responsabilità. Le persone hanno la stessa faccia, puoi incontrarle negli stessi posti. A lavoro le conversazioni si ripetono, se le ascolti ti diranno probabilmente le stesse cose. E quando la sera t'affretti a tornare a casa, sai già che tutto avrà lo stesso odore. Di umanità che vive. E di te che la respiri.

Eppure, quel giorno lì, accade qualcosa. Sulla pelle senti come una scarica elettrica, una specie di brivido positivo. Hai la netta sensazione che qualcuno sta per far irruzione nella tua vita. Tu non puoi e non vuoi evitarlo. Perché, a quell'incontro, ti stavi preparando. Perché senti già che ti sta salvando.

La prima volta è un giorno come tanti. Pochi istanti, una stretta di mano. Poi *quegli occhi* che si fermano su di te, s'appoggiano per restare. Dietro gli occhi, una promessa. Come se, della tua vita, l'Altro sapesse già tutto. Come se, della sua, solo tu conoscessi il problema. Che, invece, è la soluzione.

L'incontro tra Fiamme Gemelle è quello che, di colpo, fa succedere tutto e niente. L'Altro che prima non c'era, adesso c'è. E tu, che non sei stato mai, adesso senti gli odori che cambiano, e le facce nuove, e l'avventura nelle cose quotidiane.

Un incontro fatto a regola d'arte, penserai. Due vite che si sfiorano appena, non si invadono, ma contano l'una per l'altra. E' il momento prima della definizione. La vigilia delle certezze. Due anime che s'inseguono, si guardano da lontano. Come per verificare che l'Altro sia sempre lì, dove l'abbiamo lasciato. Dove ci ha lasciati. Sulla soglia del mondo.

***

Non tutte le cose possono essere dette, come vogliono farci credere. Quasi tutto cio' che accade e esiste è, in realtà, impossibile da esprimere e si compie in un tempo e in uno spazio che nessuna parola sa dire ancora.

Tra queste *cose indicibili* c'è quella costellazione di incontri, quella rete fittissima di rimorsi e rimpianti che noi chiamiamo "Amore". Ci sono le coincidenze sincroniche, i tuoi sogni, le premonizioni; ci sono tutti quei viaggi che non hai previsto ma che ti riporteranno a casa.

Uno di questi viaggi misteriosi è la tua Fiamma Gemella. Quando questa appare, *il mondo appare*. Tutto è: dal profumo leggero delle cose che vivono, all'odore grave di quelle che muoiono. Niente accade che non sia profondamente sentito, compreso e vissuto. Con la Fiamma tu entri nel tuo ricordo vibrante. Così, anche il più piccolo accadimento pare svolgersi con la stessa meccanica magica di un intero destino; e il Destino stesso si rivela finalmente a te come un tessuto ampio e magnifico, prodotto da mani invisibili.

Questo amore è fatto a regola d'arte, penserai. Un amore popolato da infinite solitudini. Ciascuna di esse ti parlerà di te. *Con, da e per* la tua Fiamma Gemella, tu andrai nella tua stessa vita come in un sogno. Di stupore in stupore.

***

Tutte le storie e le leggende dedicate alle Fiamme Gemelle hanno gli stessi punti in comune e sembrano seguire un percorso – forse un Destino? – inevitabile:

1

Le Fiamme nascono dallo stesso "uovo originale".
Sono *gemelle* e hanno due poli: maschile e femminile.

2
Il polo femminile si ribella contro
la predominanza del polo maschile.

3
Il femminile scappa; incapace di pro-creare, si autodistrugge.
Il maschile non sopporta la separazione dal suo polo femminile.

4
Le *Energie Universali* chiedono costantemente
ai due poli di riconciliarsi.

5
Il femminile "rinasce" in un'altra vita,
in una versione più dolce e consapevole.

6
Questo femminile "nuovo" ha il compito
di *risvegliare* il polo maschile.

7

Le Fiamme Gemelle si ritrovano, spiritualmente più evolute.
Allora vengono cacciate via, o conoscono un mondo nuovo.

Tutti i miti illustrano questi sette passaggi necessari. Sette progressioni e sette prove da superare. Osservando il fenomeno da un punto di vista puramente *simbolico,* si deduce che l'incontro tra Fiamme Gemelle non dipende tanto da requisiti spazio-temporali (essere nel posto giusto, al momento giusto), ma soprattutto dalla capacità di entrambi i poli, maschile e femminile, di entrare in risonanza con il proprio essere profondo.

Quando questo accade, le Fiamme Gemelle consentono alla loro naturale attrazione reciproca di realizzarsi. Ma non solo. L'avvicinanamento di due Fiamme influenza in modo subliminale tutti gli eventi della vita; i poli opposti hanno la capacità di *plasmare* la realtà circostante per raggiungere uno scopo preciso: l'Unione.

Nel corso delle varie incarnazioni, ogni polo cerca dunque la sua parte mancante. Maschile e femminile s'incontrano più volte, ogni loro contatto genera un'evoluzione ulteriore, per entrambi. Ma l'Unione non è un'impresa facile. Essa passerà per mille separazioni, per centinaia di ferite, visibili e invisibili. Passerà per l'ennesimo abbandono, per parole non dette e appuntamenti mancati. In fondo alla notte, essa passerà per le solitudini disperate, per un tradimento capace di spezzarti per sempre. Passerà per così tante bugie, così tanti tormenti, che tutta una vita, forse, non basterà nemmeno a capire come siano andate veramente le cose. Allora, non riuscendo a trovare le risposte, imparerai ad accontentarti delle tue domande.

Quest'amore è la mia rovina, penserai. Per te, l'Altro è una scatola chiusa, un libro scritto in una lingua straniera. Così sarà finché non spezzerai la ruota, finché tu e la tua Fiamma non uscirete dal ciclo eterno di morte-rinascita.

***

L'Ouroboros che dà il nome a questa raccolta allude proprio al meccanismo infinito dei *ritorni di fiamma... gemella.*

Simbolo palingenetico nella tradizione alchemica, l'Ouroboros rappresenta il susseguirsi di distillazioni e condensazioni necessarie a raffinare e purificare la "Materia Prima", portandola alla perfezione.

"La Materia Prima si estrae da te,
tu sei la sua miniera.

La si può trovare presso di te e trarla da te,
e dopo che ne avrai fatto esperienza
aumenterà in te l'amore per essa."

Testamentum o Liber de compositione alchimiae di Morieno

Anche l'incontro tra Fiamme Gemelle è un fatto alchemico, segnato da passaggi che si ripetono, da miscugli e sottrazioni, da decantazioni. Come un serpente che si morde la coda, l'Ouroboros ci dice la fine del mondo e la sua rinascita. Tutte le cose esistono perché ritornano, ritornano perché si trasformano.

Per metà bianco, per metà nero – come Yin e Yang nel Taoismo cinese – questo Ouroboros fatto di parole narra la conflittualità degli opposti e la loro necessaria interdipendenza.

Per metà maschile ♂, per metà femminile ♀, questo Ouroboros fatto di confessioni svela le Fiamme Gemelle nelle loro nozze alchemiche, nella loro poesia

che ora dice,

ora tace,

ora squarcia la tela dell'Avvenire.

Se stai vivendo o hai vissuto un'esperienza da Fiamma Gemella, sappi che nessuno potrà esserti di buon consiglio. Nessuno potrà trovare per te la giusta equazione tra bianco e nero. Una sola via è possibile : entra in te stesso. Prova a dire le cose come nelle pagine che seguono, avvicinanandoti quanto più puoi all'essenziale. Al midollo di tutte le cose.

Non raccontarti storie sentimentali, perchè l'incontro con la Fiamma Gemella va ben al di là di questo. E' un atto chirurgico, e il suo bisturi è la memoria dell'anima. Di' le tue tristezze, i tuoi desideri, di' tutti i pensieri che ti passano per la testa. Di' la fede che tu e la tua Fiamma avete in un'unica e sola bellezza. Fa' tutto questo con una sincerità intima, umile, fedele. Con la conscienza tranquilla.

E se da questo tuffo in te stesso, se da questa escursione nelle tue profondità, delle idee nuove e estranee matureranno nel tuo cuore, allora proteggile. Senza chiederti se sono buone e giuste. Senza preoccuparti della loro opacità. Esse vengono dall'Invisibile, da cio' che da sempre manca.

Prendi le tue intuizioni, prendile per buone e amale. Questo tipo di amore ti ripagherà mille volte, attraverserà ogni fibra del tuo essere e guarità la tua memoria. Prenderai coscienza del tuo Destino, lo porterai avanti nonostante il suo peso e la sua immensità, senza mai esigere nulla in cambio. Così facendo, crescerai secondo la tua sola legge. Sarà una crescita lenta e grave, come tutte le cose che vuole la Natura. Lo stesso varrà per la tua Fiamma Gemella.

Per esprimerti, serviti di tutto cio' che ti circonda : le immagini vaghe dei tuoi sogni, i ricordi e le visioni, l'oggetto dei tuoi desideri. Se la tua vita quotidiana ti pare povera e insufficiente, non accusarla. Accusa te stesso di non avere cuore e occhi a sufficienza per riconoscerne le ricchezze. Poichè ogni Fiamma Gemella è creatrice, e in quanto tale è un universo per se stessa.

Scoprirai che un "Altro-te" è già in te. La Fiamma Gemella è uno specchio che porta alla luce i tuoi talenti sconosciuti, la tua energia dimenticata, la bellezza della tua anima consapevole.

Un gioco delle parti fatto a regola d'arte, penserai. La Fiamma *brucia l'inutile e illumina l'importantissimo.*

***

Le "confessioni" che seguono ti lasceranno probabilmente a mani vuote; in fondo, tutti noi siamo profondamente soli davanti all'Indicibile. Ma quando l'Anima parla, bisogna fare silenzio.

Fiamma Gemella, queste poche parole sono per te.

Prova n°1

Il riconoscimento

Prova n° 1 : il Riconoscimento

Caratteristiche della prima prova:
Le Fiamme Gemelle si riconoscono subito. Quando sono vicine fisicamente sentono di conoscersi da sempre. Il loro è un incontro d'anime.

I chakra del cuore si aprono. Dalla loro "unione" scaturisce una terza energia, molto potente, che nessuno dei due ha mai sperimentato prima. E' la fase dell' innamoramento: i due gemelli sviluppano assieme una comprensione profonda e accelerata delle cose. Hanno l'impressione di scoprire l'Amore per la prima volta.

Obiettivo della prima prova:
Questa prima prova serve a riattivare il ricordo della propria missione di vita e a risvegliare livelli superiori di Coscienza.

IL RICONOSCIMENTO
Confessione 1.1

Adesso che mi vedi
mi riconosci,
ti riconosci,
che i miei occhi sono sempre stati
fissi su di te,
che le mie mani hanno sempre offerto
un invito alle tue.

IL RICONOSCIMENTO
Confessione 1.1

Adesso che mi vedi
mi benedici
ti benedici
che non esistono luoghi
più belli di questo,
che tutta la nostra vita
inizia, di nuovo, adesso.

IL RICONOSCIMENTO
Confessione 2.1

Sono i luoghi dove tu
mi porti
come trappole
come tranelli,
sono occhi che immaginano tanto
ma che, poi, vedono poco.

IL RICONOSCIMENTO
Confessione 2.1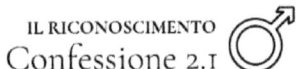

Sono i luoghi dove tu
mi porti
come soldati
come spie,
sono un corpo ora mio, ora tuo
ma che, poi, è di nessuno.

IL RICONOSCIMENTO
Confessione 3.1

Ho visto te
e ho visto l'Amore.
Dove sei stato tutto questo tempo?

Ho visto te
e l'Amore m'ha vista.
Era la prima volta.

IL RICONOSCIMENTO
Confessione 3.1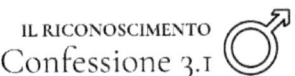

Dove sei stata tutto questo tempo?
Nella tua coppa voglio versare
me stesso,
dalla tua coppa voglio bere
la vita.

Ti ho cercata senza saperlo;
altre mani, altri baci,
altri corpi mi portavano a te.

 IL RICONOSCIMENTO
Confessione 4.1

Guardami gli occhi
e quanto piove.

IL RICONOSCIMENTO
Confessione 4.1 ♂

Miserere mei,
che mi son perduto
nei tuoi.

IL RICONOSCIMENTO
Confessione 5.1

Stanno rotolando
amore mio
queste stagioni,
come biglie indifferenti
dalla tasca scucita
di tutti i miei ricordi.

IL RICONOSCIMENTO
Confessione 5.1 ♂

Cos'è la vita,
se non quel rumore sordo
della biglia che va
da un capo all'altro,
nel percorso scavato
tra erba e asfalto,
e che separa me da te?

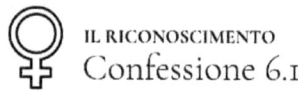

IL RICONOSCIMENTO
Confessione 6.1

Gli occhi tuoi, poi, sono di passaggio,
non so mai se arrivano o partono.

Su di me, gli occhi tuoi però restano
conoscono i luoghi e i tempi che tornano.

IL RICONOSCIMENTO
Confessione 6.1 ♂

Velami gli occhi e *scoprimi* il cuore.
Coprimi i ginocchi e *svelami* l'amore.

IL RICONOSCIMENTO
Confessione 7.1

Tu sei la gioia immediata,
il sole d'inverno
il colpo di fortuna.

Prendi appoggio dal nulla, tu.

A te somiglia il mondo,
la morte ha i tuoi occhi vagabondi.
A te somigliano le stelle,
s'allontanano, s'avvicinano
fanno strane domande.

IL RICONOSCIMENTO
Confessione 7.1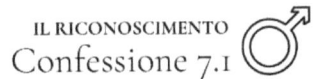

Tu sei la passerella,
per te si va
dove non sono stato mai.

Prendi appoggio dal nulla, tu.

Nessuna creatura t'assomiglia
nemmeno quella dei sogni.
Niente conosco
che sia come te,
che sei come me.

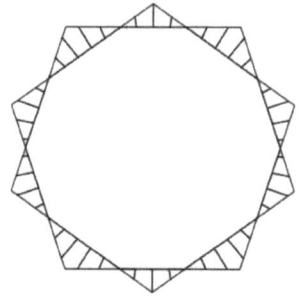

Prova n°2

Il test

Prova n° 2 : il Test

Caratteristiche della seconda prova:

I primi "segni" del risveglio spirituale svaniscono. L'ego riappare. Una o entrambe le Fiamme Gemelle possono tentare di vivere la relazione secondo i vecchi modelli di coppia, d'amore, di dualità. Sorge un conflitto interiore.

I gemelli rimuginano su ogni singola azione. Da un lato, si sentono ispirati, elevati, arricchiti da questa relazione, dall'altro sentono di perdere il controllo, sono turbati e fortemente sconvolti dalla potenza della loro unione. Dubbi e sospetti avvelenano la relazione.

Obiettivo della seconda prova:

Questa seconda prova porta a superare i preconcetti mentali che riguardano l'amore e le relazioni. I vecchi schemi salgono in superficie per essere "ripuliti."

 IL TEST
Confessione 1.2

Canterai tutta la notte
le vite nostre
e quell'altra ancora
che non vivemmo mai.

IL TEST
Confessione 1.2 ♂

E sul pianerottolo, poi,
delle nostre cose
vissute forse,
sognate forse,
arriverà, ma solo alla fine,
il tempo di noi.

IL TEST
Confessione 2.2

Sono nata
sono chiusa, rinchiusa
sono uscita
senza trovarti.

Sono persa,
sono data, rubata
sono in viaggio
senza aspettarti.

IL TEST
Confessione 2.2 ♂

E tu, dentro la scatola,
ancora non sai
ancora non sai
quanto è piccola e quanto scivola
la promessa di cielo
che è sopra di noi.

IL TEST
Confessione 3.2

Cosa manca a queste stanze
se non il rumore dei passi
che non abbiam fatto?

IL TEST
Confessione 3.2 ♂

Cosa resta tra le pieghe delle tende azzurre
se non la polvere di quei baci,
sollevati e persi?

Siamo dentro una sera che s'imbrunisce ancora.

IL TEST
Confessione 4.2

L'odore di te s'incrosta
nelle cavità dell'anima mia.

Come un profumo di legno
antico e mortale,
vieni fuori dai cassetti
dove abbiamo chiuso
tutti quei sogni.

Un odore di muschio vivente
tu porti,
e mi confonde.

IL TEST
Confessione 4.2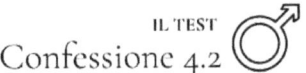

Sei una tavola ovale
rossa ciliegio
imbandita coi resti del tempo.

Curva come le mani
che prendono per mano,
lucida come il marmo
che fa da tomba
a tutte le nostre cose.

IL TEST
Confessione 5.2

Non è, forse, da qui
che io me ne vado,
stordita dai profumi della Natura?

Eppure nessun fiore si è aperto per me,
la foresta ha mantenuto il silenzio,
il mare ha trattenuto il respiro
e il vento, pure il vento, ha smesso di soffiare.

IL TEST
Confessione 5.2 ♂

Non è, forse, da qui
che io me ne vado,
raccattando le cose che lasci per me?

Eppure le mie mani sono vuote,
vuota la pancia,
il cuore è vago, in attesa,
sa che tutto è cambiato.

IL TEST
Confessione 6.2

E' te che io voglio essere
nell'anima e nel corpo,
sono il vimine che intreccerai;
nelle tue mani solamente io voglio torcere
e obbedire.

Tu torturi
tu sei un essere di sogno.
Non puoi esistere se esisto io.

IL TEST
Confessione 6.2

Non so come dirlo
ho giusto un presentimento:
tutto è come prima,
eppure io ricordo il *prima ancora*.

Non so come come dirlo
sei la totale meraviglia,
con te pare che inizino tutte le cose;
inizia la danza della vita
e della morte.

 IL TEST
Confessione 7.2

Mi hai portata *su*,
e ti ho lasciato fare.

Con le parole alate
ho per te sconfitto
ogni gravità.
Sono andata lontano,
sono andata in quel luogo
da cui nessuno torna.
Con le parole armate
ho per te dissolto
la mia identità.

IL TEST
Confessione 7.2 ♂

Cosa sei?
Perché è verso te
che vanno tutte le cose?
Sono tornato qui,
sono tornato in quel luogo
dove niente esiste.
Un buco nero tu sei,
un vortice stellare.

Mi hai portato *giù*,
e ti ho lasciata fare.

Prova n°3

La crisi

Prova n° 3 : la Crisi

Caratteristiche della terza prova:

La crisi tra Fiamme Gemelle deriva dal fatto che entrambe devono fare una scelta: rinunciare alle loro convinzioni egoistiche sulle relazioni e sull'amore, oppure perdere l'Altro per sempre.

Mettere a tacere l'ego provoca ansia e aggressività. La paura comincia a farsi sentire, e con essa tutti i disfunzionamenti dei nostri modelli psichici e emotivi.

Nonostante questo, i gemelli si cercano e si ritrovano ciclicamente.

Obiettivo della terza prova:

Questa terza prova è una delle più difficili da affrontare, ma offre nuove opportunità per guarire e far maturare i corpi mentali ed emotivi.

LA CRISI
Confessione 1.3

Spirito mio
se ci sei batti un colpo,
che da quando sei andato vita
l'anima è feroce,
ha fame,
tuona come il temporale.

Avevi il passo regale
il gesto ampio, maestoso;
spirito mio, sei andato via
hai bevuto, di me, l'ultimo sorso
in gran segreto
senza nessun testimone,
lontano dalle note che composi per te.

LA CRISI
Confessione 1.3

Non ti diro' il vuoto
solo la bellezza,
non ti diro' che sono diventato una porta chiusa
un frutto maturo, squagliato
un cuore di cinghiale
una lingua bruciata
un labbro tagliato.

Non ti diro', *anima mia*,
che sei venuta a tormentarmi
e io ero da poco tornato alla vita;
che dopo il tuo passaggio
l'acqua non toglie la sete
il sole scivola sulle cose e non le tocca,
e niente, niente è mai stato così vicino alla notte
come me, adesso,
un'ombra nella sera.

LA CRISI
Confessione 2.3

Quest'amore
che ho di te
è una mania che disturba
che non fa dormire le notti
che non separa più reale e immaginario.

Borderline,
dicono.
Borderline.

Sono ammalata di una malattia
che i preti non conoscono,
e gli psicologi nemmeno.

LA CRISI
Confessione 2.3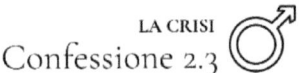

Quest'amore
che ho di te
è un vento che impolvera
che m'invecchia le ossa
che mi mangia l'anima dentro.

Bordeline,
dicono.
Bordeline.

Sono ammalato di una malattia
che i poeti non conoscono,
e i filosofi nemmeno.

LA CRISI
Confessione 3.3

Tu che vuoi passare
e che non mi passerai mai,
come una *febbre* tu sei
che riempie gli occhi.

LA CRISI
Confessione 3.3 ♂

Oltre le cose non guardo
e non esisto.

Perché la *febbre mia*
si annida qui
e non oltre.

LA CRISI
Confessione 4.3

Se quello che siamo ed eravamo
si fosse davvero spezzato a metà,
come sembra,
a te sarebbe comunque toccata la metà più grande,
che è di per sé un controsenso e un paradosso.
Come un controsenso e un paradosso
è quello che siamo e che eravamo.

Le nostre non sono due metà uguali,
ma restano due metà.
L'una ha fame dell'altra. Sempre.

LA CRISI
Confessione 4.3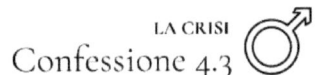

E delle due, a te lascio quella più grande
perché, da che esisti, hai tenuto per te le cose più grandi.
I miei occhi,
i sogni del mondo
I miei occhi ingranditi dai sogni del mondo.

La metà più piccola la tengo per me.
Da sempre vengono a me le piccole cose.
I granelli di sabbia,
le foto sbiadite,
i tappi di bottiglia saltati nei giorni felici.

E di quelli infelici conservo, poi,
i sospiri
i gesti dispersi
le promesse ridotte
in più piccoli frantumi.

LA CRISI
Confessione 5.3

Quando poi cammineremo per strada
con gli sguardi pieni e persi
tenendo la mano ad altri,
ad altri diversi da noi;

quando poi supplicheremo la notte
di non scivolar via così presto
perché di giorno spazio non c'è,
non c'è un tempo per noi;

quando poi scopriremo la verità
così dura da spaccarci in due,
i nostri cocci si perderanno altrove.
Lì, dove non ci troveremo più.

LA CRISI
Confessione 5.3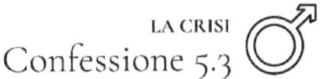

Quando poi, soli, ci sveglieremo
tutto ciò ci parrà così strano,
che, a dire il vero, l'un per l'altro
non siamo stati niente,
niente, sì, che importi davvero.

LA CRISI
Confessione 6.3

Non sai quanto,
non sai quanto hai devastato
tutte le mie cose.

Quanto hai rubato,
quanto hai portato via.

LA CRISI
Confessione 6.3 ♂

Non sai quanto,
non sai quanto *proprio questo*
io ho amato di te.

LA CRISI
Confessione 7.3

Tu non ci sei
e non ci sono io.

LA CRISI
Confessione 7.3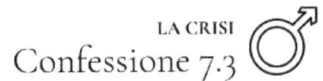

Siamo una casa
abbandonata,
siamo polvere e ragnatele.

Prova n°4

Scappare e inseguire

Prova n° 4 : Scappare e Inseguire

Caratteristiche della quarta prova:

L'unione tra Fiamme Gemelle è una minaccia per l'ego. La paura di perdersi in questa unione – di perdere la ragione ! - mette in moto i vecchi meccanismi di sopravvivenza e fa emergere comportamenti e emozioni distruttive: disprezzo, resistenza, manipolazione, rabbia, desiderio di punire e giudicare l'Altro...

Una o entrambe le Fiamme Gemelle diventano emotivamente e mentalmente instabili, inondate da una profonda sofferenza, da un sentimento di rifiuto e abbandono. Questo insopportabile dolore dell'anima porta i gemelli ad allontanarsi fisicamente, a bloccare ogni comunicazione. Uno scappa e l'altro insegue. L'armonia iniziale è perduta.

Obiettivo della quarta prova:

Questa quarta prova spinge i gemelli al di là della dimensione fisica per guarire e far maturare il loro corpo spirituale. In questa fase ogni anima impara a seguire la propria strada, la propria volontà. I pensieri d'amore dell'uno saranno "sentiti" dall'altro a livello inconscio.

La connessione delle Fiamme Gemelle si mantiene forte e viva nonostante la separazione e il distacco fisico.

SCAPPARE E INSEGUIRE
Confessione 1.4

Così talmente sono *a caccia*
di te e delle tue cose.

Come un giorno caldo
dopo le ore d'inverno,
tu esci dall'aria intatta.

Il profumo di te
che sei e non esisti
sta con me,
sta dentro i calici dei fiori notturni
sta dentro le arcate delle cattedrali.

SCAPPARE E INSEGUIRE
Confessione 1.4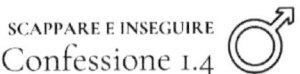

Concava tu sei,
come l'abbraccio che c'è e non esiste.

Sei la primavera che torna
e raccoglie,
che fa belle le sere,
le mani mie,
le stelle sulle nostre teste piene.

Ma tu *mi sfuggi* e te ne vai
per quel viaggio impossibile
che c'è e non esiste.

SCAPPARE E INSEGUIRE
Confessione 2.4

Mai smetterei di guardarti, mai.

Né di affondare gli occhi su di te,
quasi a volerti proteggere da non so cosa,
con la mia piccola gabbia di sguardi e sottintesi.

Ma non sono gli occhi a guardarti,
cosa bella e crudele,
è l'anima.

Come un quarto di luna antica,
termini il tuo viaggio su di me
e mi lasci un sorriso decrescente,
nella notte scura.

SCAPPARE E INSEGUIRE
Confessione 2.4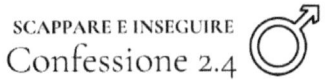

Oscura la vita, oscura.
Come la nostra *licantropica* nostalgia.

Che se solo potessimo azzannarci
di mille morsi ardenti,
lo faremmo ancora
e senza saziarci mai.

SCAPPARE E INSEGUIRE
Confessione 3.4

Resteranno le nostre voci.

Resterà una finestra
da cui sporgersi all'infinito.

Resteranno i colori del mare
a ricordarti i miei occhi
e le piaghe della vita
a farti inciampare nella sera.

SCAPPARE E INSEGUIRE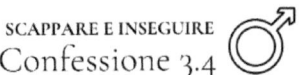
Confessione 3.4

Ti ho inseguito per dirti una cosa:
l'addio nostro non vuole silenzi.

Resterà il vuoto che tu lasci.

L'amore è finito, oramai,
è risolto, sepolto
tra le carte che firmai.

SCAPPARE E INSEGUIRE
Confessione 4.4

L'assenza di te
è un chiodo arrugginito.

Ossida ogni fibra
la ruggine
e tutto indurisce
e pietrifica dentro.

SCAPPARE E INSEGUIRE
Confessione 4.4 ♂

Il chiodo infetto
che tu sei
fa di me l'oggetto polveroso
sugli scaffali decadenti
di rigattieri pulciosi, dementi
che vendono al mondo
ombre e sogni,
sogni e ombre ;
nei vecchi mercati
delle cose antiche,
le cose che noi
gettiamo alle ortiche.

SCAPPARE E INSEGUIRE
Confessione 5.4

E se tu, poi, non fossi di questo mondo
se non fossi mai nato a Pasqua
come tutte le cose buone
che vengono a primavera,

io *allora* avrei passato la vita a cercarti
tra i sussurri delle foglie
tra i lamenti ondeggianti dei laghi
nei misteri dischiusi dalle coppe dei fiori.

SCAPPARE E INSEGUIRE
Confessione 5.4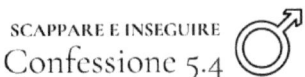

E se tu, poi, non esistessi nemmeno tra queste cose
allora chiuderei gli occhi e lì ti troverei,
con le mani che tendono verso me
e i sorrisi felici
e le promesse pregne di vita,
come la terra a primavera.

L'isola di Pasqua tu sei,
il luogo del mistero.

SCAPPARE E INSEGUIRE
Confessione 6.4

Torna da me
in una domenica pomeriggio,
quando le piastrelle della cucina sono pulite
e i panni dormono e s'asciugano al vento.

Torna da me
quando non serve a niente,
quando non ti aspetto,
quando i forni cuociono il pane
e le rondini,
forse le rondini,
fanno nel cielo disegni neri.

SCAPPARE E INSEGUIRE
Confessione 6.4 ♂

Torna indietro,
siediti accanto a me
quando non porto i vestiti d'inverno,
quando a piedi nudi
trattengo i passi nelle tue stanze
e la sera *piccola piccola*
scende appena a benedirci,
come una carezza.

SCAPPARE E INSEGUIRE
Confessione 7.4

Il mondo
che mi chiedi
io non lo conosco,
nessuno lo conosce ancora.

SCAPPARE E INSEGUIRE
Confessione 7.4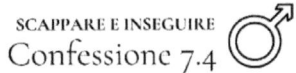

Il mondo
che mi chiedi
io non posso immaginarlo,
è uno spavento nella notte
è una porta blindata
è un serpente che si morde la coda.

Prova n°5

L'abbandono

Prova n° 5 : l'Abbandono

Caratteristiche della quinta prova:
Le Fiamme Gemelle fanno un viaggio introspettivo. In questa fase esse si affidano all'Universo, in totale abbandono. La relazione va al di là delle cose umane, adesso è protetta dalle stelle. Cio' che è buono e giusto si realizzerà comunque, verrà a suo tempo.

I gemelli hanno la libertà di evolversi a modo loro. Entrambi riservano per l'altro "uno spazio speciale", una stanza nel proprio cuore. La Fiamma Gemella è libera di esplorare la vita, è sulla strada giusta per diventare un essere umano completo. E' il momento ideale per trasformare alchemicamente la passione, il dolore e il desiderio in arte, musica, scrittura o insegnamento. La fase dell'abbandono libera le energie creatrici.

Obiettivo della quinta prova:
Questa quinta prova aiuta ogni anima a liberarsi dalle trappole dell'ego, a sviluppare una comunicazione autentica e regolare con il proprio Sé superiore.

I gemelli imparano a fare ciò che è meglio, nel momento migliore. A creare.

L'ABBANDONO
Confessione 1.5

Le miglior cose, le miglior cose
io le ho fatte
quando nessuno stava a guardare.
A parte te, che mi spiavi
come sempre.

Contavi, col metronomo rotto,
quanti battiti mi separano dal Sogno.

L'ABBANDONO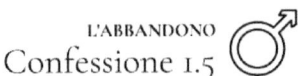
Confessione 1.5

Mi scrutavi senza occhi
Mi ascoltavi senza orecchie.

Eri ovunque
nella prossimità assente,
scandivi il tempo,
lo facevi in un niente.

L'ABBANDONO
Confessione 2.5

Senti la Realtà
quant'è prossima, quanto avanza...
Non assomiglia a nessuno dei nostri sogni;
ci stringe adesso, quasi uccide,
ci chiede di avere fiducia.

Questa Realtà io non l'ho voluta,
ora è mia, mi segue
come uno sconosciuto nella notte,
come la lama fa con l'agnello sacrificale.

La tua parola è fatta per squarciarmi
e io per lasciarmi fare.

L'ABBANDONO
Confessione 2.5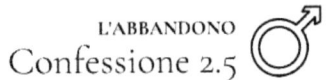

Uno accanto all'altro
noi camminiamo stranieri
separati dal passo,
separati dalle visioni.

Ci hanno condotto sugli altari
il sangue ha tinto i fiori,
per noi, il cielo ha liberato le nuvole magiche;
la Realtà non esiste,
la Realtà non esiste,
il mio posto è ai tuoi piedi,
da li' posso baciare l'orlo della tua veste
da li' posso prendere fuoco
e diventare cenere.

L'ABBANDONO
Confessione 3.5

Come laghi profondi
i sorrisi tuoi bevono me
e la sera,
mentre da lontano
il vecchio mare già incatena
i nostri passi e i pensieri
si fanno pallidi e liquidi,
sbiadiscono la luna
nascosta dai cipressi.

L'ABBANDONO
Confessione 3.5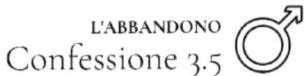

E c'è un silenzio
dolce e pieno
che sembra musica.

E c'è una pace
che non so più
se è verità
o sogno mio.

L'ABBANDONO
Confessione 4.5

All'Universo
affido queste parole;
sussurrale con me
dentro a una preghiera.

L'ABBANDONO
Confessione 4.5 ♂

All'Universo
regalo questi ricordi;
portali con te
come una fede al dito.

L'ABBANDONO
Confessione 5.5

Il pensiero di me
dissolvilo nelle ore più dure.

Scioglilo nei minuti infami
e nei secondi senza tregua.

Nell'apnea dei tuoi battiti
frantumalo come pane raffermo.

L'ABBANDONO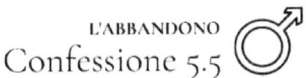
Confessione 5.5

Ascolta la compattezza del tempo.

E sarà come se potessi fermarlo.
E sarà come se io fossi ancora lì. Con te.

Nelle ore più dure.

L'ABBANDONO
Confessione 6.5

Metterò questa sera i tuoi stivali.

Non per fare le sette leghe, no.
Voglio solo star ferma sui tuoi passi.

E da lì, forse, mi vedrò arrivare.

L'ABBANDONO ♂
Confessione 6.5

Chissà da dove.
Chissà da dove.

L'ABBANDONO
Confessione 7.5

Aspettandoti
mi sono rovinata il cuore
mi sono intossicata i polmoni,
che amare e respirare erano la stessa cosa.
E *dopo di te*, non lo erano più.

Ma le stelle mi hanno sorriso
mi hanno dato un cuore nuovo,
dei polmoni possenti
per amare, respirare,
soffiare forte sulle mie vele.

L'ABBANDONO
Confessione 7.5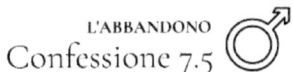

Soffia un vento, adesso,
potente e leggero,
da dove arriva?
da dove arriva?

Pensavo che parlasse di te
e invece porta tutt'altra novella:
"torna alla vita"- mi ha detto -
"e la vita tornerà a te!"

Prova n°6

La realizzazione di sè

Prova n° 6 : la Realizzazione di sè

Caratteristiche della sesta prova:

Le Fiamme Gemelle capiscono che l'Altro è uno specchio. Non hanno più bisogno di possederlo, né di desiderarlo come qualcosa che manca. L'ego (o il Sé Inferiore) muore e l'energia del Sé Superiore prende il sopravvento. Questo porta a un completo risveglio spirituale.

In questa fase, gli organi emotivi, mentali e spirituali dei gemelli arrivano alla piena maturità. Le fiamme godono di una creatività rinnovata e sviluppano capacità di creazione, intuizione e guarigione che vengono utilizzate per aiutare gli altri e arricchire il mondo.

Obiettivo della sesta prova:

La sesta prova fa scorrere le Energie Superiori attraverso il corpo, le opere e le intenzioni. Grazie al lavoro e alla luce sprigionata da due Fiamme Gemelle evolute le vibrazioni di tutta l'Umanità aumentano e passano a un livello superiore.

 **LA REALIZZAZIONE DI SÉ**
Confessione 1.6

Avevo un cuore di piombo
e tu, l'Alchimista assoluto
tu l'hai trasmutato in oro.

Hai ingoiato il metallo residuale
e non lo sai,
hai aperto le porte al mio avvento
come un profeta, come l'ultimo Templare,
sei arrivato al crepuscolo
con la lanterna accesa.

LA REALIZZAZIONE DI SÉ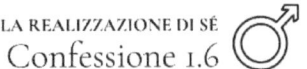
Confessione 1.6

Siamo noi il rimedio
per la specie umana?
Siamo noi la pietra filosofale?

Ci hanno cercato dove non siamo mai stati.

Tu sei Eva, io Adamo:
il frutto l'abbiamo mangiato e ci ha lanciati
nel mondo,
le nostre lacrime fanno fertile la terra,
il nostro gioco perde tutto, vince tutto.

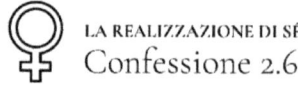

LA REALIZZAZIONE DI SÉ
Confessione 2.6

Quello che ho perso
io non lo conto più;
ma conto le mie fortune
e sono tante: le onde infinite,
i grilli nei campi,
le seduzioni di questa luna.

Voglio adorare il mondo
come ho adorato te.

LA REALIZZAZIONE DI SÉ ♂
Confessione 2.6

Ho seguito la tua ombra,
ti ho seguita in alto mare
e non sapevo, *non sapevo ancora*
che tu portavi la luce
che, per te, si andava nel mondo
come dentro a un mattino.

Voglio raccontare il risveglio,
come ho raccontato te.

LA REALIZZAZIONE DI SÉ
Confessione 3.6

E nella notte,
e nella notte io cammino dentro le cose.

Sono cose nuove e vecchie
sono cose in fondo al pozzo
leggere come monetine
e pesanti come desideri.

LA REALIZZAZIONE DI SÉ ♂
Confessione 3.6

Tu sei qui e ora. Sei un'isola.
Io sono altrove e non sono mai.

Sono il mare del possibile
e mi stringo attorno a te.

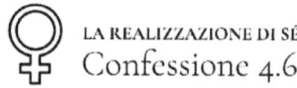

LA REALIZZAZIONE DI SÉ
Confessione 4.6

Hai aperto un varco
per me,
e i fiori si sono messi a cantare.

LA REALIZZAZIONE DI SÉ
Confessione 4.6 ♂

Al di la dello specchio,
per te,
i canti si sono messi a fiorire.

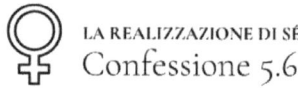

LA REALIZZAZIONE DI SÉ
Confessione 5.6

Seduta ai bordi del mondo
lo spingo via
con le parole sole.

LA REALIZZAZIONE DI SÉ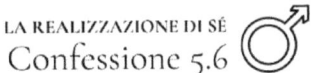
Confessione 5.6

Ovunque noi saremo,
il Mondo anch'esso sarà.

Ma lieve lieve.

LA REALIZZAZIONE DI SÉ
Confessione 6.6

E' finito il mio letargo,
s'è portato dietro l'inverno,
ha bruciato l'ultimo ciocco
ha aperto le finestre
ha liberato le stanze.

Questo corpo nuovo
vuole la musica, vuole le danze
ha dentro di sè cento vite
cento respiri
centro cuori che amano te.

LA REALIZZAZIONE DI SÉ ♂
Confessione 6.6

Ti ricordi l'inverno?
La nostra fiamma? La cenere?

Ne ho sparsa un po' sui miei passi
a benedirne la fortuna.

Il fuoco che siamo è dentro.
Se lo proteggi, non si estinguerà mai

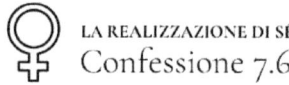 LA REALIZZAZIONE DI SÉ
Confessione 7.6

Alla fine di questa giornata
ti lascerò andare.

Rimani in ogni canzone
dentro ogni poesia,
sei l'Amore che ho creato,
l'universo nelle mani.

LA REALIZZAZIONE DI SÉ
Confessione 7.6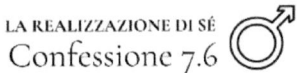

Alla fine di questa giornata
me ne andrò con te.

Tutto parla di noi;
il mio tempo sei tu,
il mio luogo,
la creazione.

Prova n°7

L'armonia

Prova n° 7 : l'Armonia

Caratteristiche della settima prova:

A questo punto, le Fiamme Gemelle si "svegliano" e spezzano l'Ouroboros, il ciclo infinito di morte-rinascita. Finalmente in armonia, i gemelli non temono più gli attacchi delle energie "basse" che hanno invece caratterizzato le prime prove.

Ricongiunte nel mondo fisico e sottile, le Fiamme Gemelle possono adesso assimilare le loro potenti energie e dare vita a nuove dinamiche. Esse tornano all'Unità originale, influenzando positivamente gli altri e la realtà circostante.

Obiettivo della settima prova:

Superata quest'ultima prova, i gemelli possono adempiere alla missione della Coppia Sacra: guarire gli altri, correggere interi alberi genealogici o gruppi di anime, aiutare le proprie famiglie a sanare, rilasciare, bruciare varie disfunzioni o imperfezioni ereditarie, liberare i blocchi karmici...

L'ARMONIA
Confessione 1.7

Ho il sole dentro me
un sole che ride
che tu hai ridato al mondo.

Tutte le cose sono i tuoi occhi.

Amore mio,
la tua spada ha sconfitto il drago,
ha liberato noi e gli altri.

L'ARMONIA
Confessione 1.7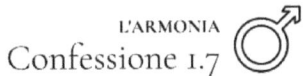

La morte non ci coglierà
di sorpresa,
e così non farà la vita.

Tutte le cose sono la tua voce.

Amore mio,
il tuo cuore ha ammaliato il serpente,
ha salvato noi e gli altri.

L'ARMONIA
Confessione 2.7

Insieme,
abbiamo costruito mondi per il Sogno
abbiamo coltivato sogni per il Mondo...

L'abbiamo fatto insieme
o sono stata io, da sola?

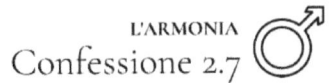

L'ARMONIA
Confessione 2.7

E' da me o da te
che piovono le stelle?
E' da te o da me
che vanno via le onde?

Abbiamo perso i confini dell'uno, dell'altra,
persi i calendari.

Che giorno è oggi,
se non quello che aspettavamo tanto ?

 L'ARMONIA
Confessione 3.7

Tutto respira con me;
era questo il segreto?

Ogni fibra, ogni cellula,
ogni scorza silvestre
m'informa del tuo Amore.

Così è e così sia:
il mio cuore cucito al tuo,
i legami sciolti,
le anime liberate,
l'abbraccio oltre la soglia.

L'ARMONIA
Confessione 3.7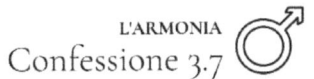

Ascolta le ore remote,
osserva i vuoti dentro i silenzi.
Sono la nostra epifania.

Alle tue domande non so dare risposta,
ma se me lo chiedi
sarò il testimone di tutte le cose.

Ti guardo mentre costruisci i giorni.
E sorrido in fondo ai tuoi passi.

L'ARMONIA
Confessione 4.7

Sono la Donna-Madre,
per ogni creatura vivente
ho una parola d'amore
una carezza nella notte.

Tu sei lo sposo, il figlio, il fratello;
il mio ventre è la tua casa.

L'ARMONIA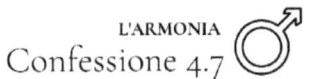
Confessione 4.7

Sono il Padre-Guardiano,
proteggo il tuo sangue fecondo
stabilisco i confini,
stringo alleanze con il vuoto.

Tu sei la sposa, la figlia, la sorella;
la mia forza è la tua casa.

L'ARMONIA
Confessione 5.7

Quante epoche abbiamo vissuto,
quanti addii, quanti incontri?

Siamo uniti adesso;
da noi si formano le cose
si liberano le parole
e il Cielo è sceso in Terra.

L'ARMONIA
Confessione 5.7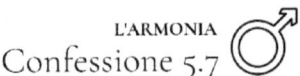

Quante promesse ci siamo fatti,
quanto male, quanti danni?

Siamo uniti adesso;
la sacerdotessa e il suo tempio,
l'amore e la sua coppa
e la Terra è salita al Cielo.

 L'ARMONIA
Confessione 6.7

Il mio mistero
si scrive con parole d'indaco.

L'ARMONIA
Confessione 6.7 ♂

Il mio segreto
si racconta nei confessionali.

L'ARMONIA
Confessione 7.7

Cosa abbiamo rincorso
così tanto,
io proprio non lo so...
che la felicità era a portata di mano
e così l'amore,
e così l'inizio di tutte le cose.

L'ARMONIA
Confessione 7.7

Cosa abbiamo rincorso
così tanto,
io proprio non lo so...
forse le ombre,
forse i segni inequivocabili,
le ali d'argento,
forse il tocco di un angelo
e così l'amore,
e così la fine di tutte le cose.

ELISABETTA GIULIANI È AUTRICE, ESPERTA DI COMUNICAZIONE DIGITALE E COACH IN SVILUPPO PERSONALE. SPECIALIZZATA IN FILOSOFIA TEORETICA, SEMIOTICA DEL LINGUAGGIO E MEDIAZIONE INTERCULTURALE, DIRIGE IL BLOG *POESIA E PSICOMAGIA* E ORGANIZZA CORSI DI FORMAZIONE PER LA FIORITURA SPIRITUALE.

Dello stesso autore :
GIULIANI ELISABETTA(2020), POESIA PSICOMAGICA, 100 incantesimi e una pagina vuota, BD Edizioni, Parigi.
GIULIANI ELISABETTA(2018), NOSTOS, Archetipi Narratori, BD Edizioni, Parigi.
GIULIANI E., (2017), "R-ENTRE. Ricordi chi sono?, Performance poetico-teatrale, FUIS e LIVRE PARIS, Parigi.
GIULIANI E. (2016), "IMMERSIONE", Performance teatrale, SIAP, Parigi.
LA PLUME DE PARIS (2015), Atlantide, Piaceri Sommersi, BD Edizioni, Parigi.
LA PLUME DE PARIS (2014), Kintsukuroi, L'Amore riparato, BD Edizioni, Parigi.
LA PLUME DE PARIS (2014), Di sole e di ombra, LOPcom, Bologna.
LA PLUME DE PARIS (2014), Io vengo a prenderti, Vitale Edizioni, Roma.
LA PLUME DE PARIS (2013), Alle cose perdute, piccoli poemi d'amore e libertà, Favia Editore, Bari.
LA PLUME DE PARIS (2013), 365 giorni senza Facebook, Gruppo Editoriale l'Espresso, Roma.
GIULIANI E. (2013), "La Neve", in Women@work, Vene Vorticose, Bertoni Editore, Perugia.

www.poesiaepsicomagia.online

FSC
www.fsc.org
MIXTE
Papier issu
de sources
responsables
Paper from
responsible sources
FSC® C105338